U0076128

100個
領導基本
×
100個
工作實踐

松浦彌太郎、野尻哲也
YATARO MATSUURA & TETSUYA NOJIRI
はたらくきほん100

毎日がスタートアップ

【原書 STAFF】

裝幀 櫻井久（櫻井事務所）

插畫 SANDER STUDIO

執編 青木由美子

Contents

100 個領導基本

100 個工作實踐

打造你的 100 個基本

松浦彌太郎 _m　　野尻哲也 _n

100 個領導基本

100 Basic Principles of Leader

「100 個領導者基本」

無論身處任何立場，一定會有煩惱，一定會有難處。必須盡早瞭解問題所在，誠實面對，以新觀點找到解決的線索。

這也是任何工作必須跨出的第一步。

我的工作夥伴野尻哲也先生曾和我分享一件事——他對於公司同事，還有周遭人一律一視同仁。他的這番觀點小小衝擊著我的心。怎麼會有這麼溫厚的人啊！這是我的感想。

這不僅是自己之所以存在的理由，也是因為懂得感謝別人，亦是工作與生活的原則、重要的態度，這就是他的「基本」。

工作方面最令人頭痛的事，莫過於人際關係。成為領導者的同時，伴隨而來的是更多責任與

約束，也許會被這股壓力逼得喘不過氣，人際關係的煩惱與壓力也愈來愈多。

那麼，我們該如何處理傷神的人際關係呢？

那就是無論發生什麼事，都要抱著學習心態，將其視為能讓自己成長、天賜的機會，並滿懷感謝；今天，自己之所以能做這件工作，是因為得到許多人的支持與協助，所以要真心感謝。

不要忘了這兩種感謝的心情，面對眼前的每一個人、每一件事，相信大部分的時候都能迎刃而解。

所以也可以這麼說，《領導者的基本》就是以感謝的心來面對每天的工作。

無論面對誰、面對什麼樣的工作，只要懂得感謝，相信不僅是工作，對於今後漫長人生而言，都能成為人際關係的「基本、解決問題的要點」。

獻給身為領導者的你。

松浦彌太郎

自己就是自己要販售的商品。

無論任何工作，要販售的東西往往都是「自己」。比起商品和服務，讓顧客願意掏錢購買你的信用，這一點真的很重要。正因為如此，領導者更要提昇自我。尤其當新的起步與創業劃上等號時，更要將自己視為一項事業、一個招牌吉祥物、抱著將自己商品化的心態。_m

001

訂立「絕對不能做的事」
這項準則。

當工作持續進行時，就能發現許多機會，也會
伴隨各種誘惑。因此，要不時詢問自己：「有
什麼事不能碰？」從而找到答案。就算面對再
大的金錢誘惑，再怎麼棘手的事，也要訂立
「絕對不能做的事」這項準則，而且團隊彼此
都要有此共識，才能毫不遲疑地朝著同一個目
標前進。_m

002

今天也是新的起步。

隨著年紀漸長，更要告訴自己保持年輕的心。
無論活到幾歲都不能滿足於「完成式」，必須
不斷自我更新。工作就是每天的起步，每天為
自己發現一件新事物吧。只要開始著手，永遠
不嫌晚。_m

003

「願景」是自然湧現的東西。

「願景」是為了讓團隊有個一起努力的目標而
存在的東西，不需要用誇大的言詞矯飾，也不
必用煽情的話語幫襯。願景並非打造而成，而
是來自每天思考，進而自然湧現，比想像中來
得樸質也說不一定；但對於團隊來說，卻是無
法輕易動搖的存在。_n

004

向別人清楚說明自己的
理念與信念。

「自己在想什麼？最重視的又是什麼？」將這
般信念化成淺顯易懂的話語吧。而且平常就要
想好怎麼表現，當別人問你：「你想做些什
麼？」時，才能侃侃而談。理念與信念是身為
領導者的必備功課，能夠清楚向別人說明自己
的夢想，才能吸引更多志同道合的夥伴。_m

005

必須以未來為起點來思考。

與其成天想著要怎麼出人頭地，不如找找為了
將來著想，要先做好什麼準備。要是以現有的
架構與常識為前提來思考；不管發生什麼事，
自己都不可能成為主角，必須以未來為起點描
繪自己的將來，想想該怎麼做才能成為主角，
才能成就一番大業。_n

006

自己一定對他人有所幫助。

不管再怎麼成熟大器的人，還是再怎麼首屈一指的企業，一定都有惱人的問題要面對。所以試著傾聽對方的煩惱，思考為何會出現這種問題，並提出解決對策吧。自己一定能對他人有所幫助，哪怕是個什麼都不懂的素人，也不要妄自菲薄，搞不好你能看到對方沒注意到的盲點。_n

007

危機意識也能催生一股
「吸引」的力量。

越是擁有危機意識，越能觀察生活事物，從而發想如何解決問題。而且不必刻意尋找，各種情報也會自動送上門，還能吸引能夠一起努力、和你有所共鳴的人。所謂具危機意識，就是敏銳察覺自己需要的東西，也是一種稱為「知性」的磁石。_n

008

因為「喜歡」，所以不覺得辛苦。

無論是辛苦的事、令人揣揣不安的事，都是自
己的選擇。因為自己喜歡這麼做，所以一點也
不覺得「辛苦」；何況是身為領導者的你，更
要有此認知。當然，周遭人也會因為出於「喜
歡」，而成為你的夥伴。_n

009

找尋志同道合的夥伴。

越好的創意，越需要志同道合的夥伴一起來實
現。激發彼此的優點，合作無間；彼此理解、
有所共鳴，並且懂得信賴、尊敬對方。找到這
樣的夥伴，無疑是朝向成功邁出一大步。_m

010

簡化想做的事情。

一開始，難免會貪心地想做這個、想做那個，想做的事情一大堆。這時，試著減少手邊想做的一堆事吧。反覆斟酌、去蕪存菁，簡化想做的事情，沒了貪念、沒了先入為主的觀念，反而能催生出成熟與純粹。_n

011

當你鬆懈時，就是在走下坡了。

「好痛苦、好難熬」咬牙苦撐的同時，你正在登上名為「成長」的坡道；要是覺得「好輕鬆」，稍微鬆懈的話，就是在走下坡了，成長之路也會就此打住。唯有走過痛苦，才能真正成長。_n

012

了解客戶的真正需求，
勝過跟風一事。

流行這種東西總有結束的一天，即便競爭對手
很成功，也必須想想需要跟進嗎？自己真的想
這麼做嗎？別被與自己理念無關的成功事例給
束縛，你該在意的，只有眼前的客戶而已。_n

013

不曾失敗的人，
肯定什麼也沒做。

失敗就是你做了個大挑戰的證據。換言之，不曾失敗的人，肯定什麼也沒做。不要害怕失敗，勇敢挑戰吧。即便失敗了，也有值得探究的價值。從失敗中學習，迎向下一次的挑戰，也意味著你正在成長。_m

014

有時謙讓才能促使
工作順利進行。

所有工作都是由人所構成。要是一味主張自己
的意見，以自己為優先考量，只會引起無謂爭
端。所以必須尊重、接納不同的意見，不要強
迫別人接受你的想法。秉持「謙讓」的態度，
事情才能順利進展。_m

015

對於數字要有所存疑。

對領導者來說，用數字評價事物是無可避免的，但對於數字要有所存疑。即便是看起來很客觀的資料，事實上，也有一定程度的人為操作。希望看到數字一直往上飆升的人，往往容易忽略數字背後隱藏的陷阱。_n

016

捨棄過往的自我，
讚美未來的自己。

之所以被自尊心所困，是因為過於保護自己的
過往；而拘泥於過往的結果，就是無法蛻變出
全新的自己。捨棄昨日的自我，讚美明天的自
己吧。如此，才能坦率接受新事物。_n

017

隨時在心裡描繪美好的未來。

要是覺得累了，不妨想想將來的事。想像美好
的未來總是能讓人心情愉悅，可以為自己和夥
伴打氣。哪怕為了眼前的工作忙得暈頭轉向，
也要隨時在心裡描繪美好的未來，當然也可以
和夥伴一起聊聊願景，讓自己的心更篤定。不
時鼓勵自己和夥伴，就是最好的活力來源。_n

018

捨棄錙銖必較的心態。

想賺得更多，一分一毫都不想吃虧，這般錙銖
必較的心態肯定會表現在言行上，自然很容易
被別人看穿。衡量得失，遠遠不及真誠對待別
人來得讓你更有發展。_n

019

努力讓自己的身心保持
良好狀態。

要想培養真正的實力，那就要做到無論處於何種狀況，身心都要保持良好狀態。這麼一來，不但不會淪為金錢的奴隸，也能專注做好自己想做的事。倘若對於眼前的一切感到茫然，不妨先努力讓自己的身心保持平衡吧。_n

020

建立信賴關係。

遇到突發狀況時，要是有個無論是精神面還是
金錢方面都能無條件給予你支持的存在，就能
帶給你無比勇氣。這個存在也是當你面對挑戰
時，成為你的助力，推著你前進的力量。光是
這樣，就能讓你的工作格局變大。_m

021

別因為過度投入工作，
而變得任性。

別忘了放鬆一下，檢討自己的做事方式是否自以為是，也要注意投入工作的「專注」是否在無形中成了「任性」。我們難免會因為過於投入工作，而變得目中無人？關懷一起工作的夥伴，也是身為領導者的工作。總之，別忘了適時放慢腳步。_m

022

也有「不決定」這選項。

實在不知該如何是好的時候，就選擇「不決定」這個選項吧。越是受限於時間和情況，越無法硬是做出決定。「不想再這麼煩惱了」要是抱著這樣的想法，很容易隨便做出決定，這麼一來，反而容易招致不好的結果。_n

023

與其急著出手，
不如等待時機到來。

情況不利時，與其急著出手，不如等待轉機到
來。因為不會一直都是同樣的情況，肯定會有
所變化才是。一旦覺得苗頭不對，就要遠離危
險，等待情況轉變。雖然等待是件難熬的事，
但還是要有耐心。_n

024

偉大的發明往往來自平凡的存在。

「衣服上的鈕釦不只是裝飾品，也是衣服的開
關。」不知是誰發明鈕釦這個偉大的東西，也
許是日常行為逐漸進化而成的吧。「要是沒這
東西，可就傷腦筋了。」偉大的發明往往來自
看似平凡、理所當然的存在。_m

025

經營的基礎，
就是懂得關愛別人。

好的領導者，「具有關愛他人的力量」，能讓
團隊裡的每個人發揮所長，也會負起督促之
責，這一切都是出於「愛」。凡事先想到夥伴
最後才顧及自己的人，一定能打造出最強大的
團隊。縱使每個人都很優秀，但凡事以自我為
主的人，並不適合擔任領導者。經營的基礎，
就是懂得關愛別人。_n

026

懂得自動自發的人，
才是好夥伴。

優秀的人有個共通點，那就是不需要動機。
就算學經歷再怎麼完美，要是得不到別人的
鼓勵、讚揚。就沒有動力的人，是做不出成果
的。真正優秀的人，會自己找到努力的目標，
就算沒人督促，也會奮力而為。比起好看的學
經歷，懂得自動自發的人才是好夥伴。_n

027

打造齊心向前的團隊。

必須一直鞭策才會往前走的團隊，根本做不出
什麼成果。因為缺乏凝聚力，形同一盤散沙。
不夠自動自發的團隊一遇到問題時，往往只想
逃避，或是尋求輕鬆方法。真正自動自發的
團隊，不但每個人都有獨當一面的優秀能力，
也很信賴彼此，大家會為了共同目標而全力以
赴。_n

028

打造一處能夠放鬆的環境。

有時人在放鬆的狀態下，才能充分發揮實力。雖說是工作，但要是過於緊張，只重視形式，根本無法提昇工作效率。身為領導者的職責，就是為團隊夥伴打造一處能夠放鬆的工作環境，任誰都能暢所欲言、發表意見，自然會迸發各種靈感。_n

029

設計未來，並思考如何落實。

要想瞭解事物的本質，就必須知道事物的原點，也就是起點。清楚了解原點與起點後，不妨試著描繪未來的模樣吧。如何連結原點與未來一事，非常重要。領導者的職責，就是創造未來，並設計如何落實的方法。_m

030

以彼此不理解為前提，
反而溝通無礙。

世上只有兩種人，那就是「自己」和「他
人」。好友、夫婦、家人，不管是再怎麼親密
的人，也不可能完全理解彼此。不過，工作上
的人際關係可就另當別論了。因此，必須確實
表達自己的想法，也必須誠懇傾聽對方所言。
以為對方很了解自己，往往是造成誤會的原
因；相反的，要是以彼此不理解為前提，反而
能溝通無礙。_n

031

真誠地回答每個問題。

領導者有沒有才能，看他能否真誠待人就知道
了。面對夥伴和客戶的提問，即便問題再怎麼
簡單，也不會隨便回答，總是真誠地回答每個
問題。_m

032

思考對方為何提問的「理由」。

面對別人的提問，不妨想想「對方為什麼這麼問？」然後根據提問的理由，訂立幾種假設，這樣就能明白如何和對方溝通。了解對方「提問的理由」，便能理解對方的想法，也就能輕鬆找到最適合的回答方式。_m

033

貼近對方的想法，
一起思考怎麼做。

商量事情時，不能想都不想就馬上回答：「反正就是這樣。」必須貼近對方的想法，一起思考怎麼做比較好。決定要怎麼做之前，必須先傾聽對方的想法。要是略過問題不談，只會讓彼此在心裡留下疙瘩，即便知道答案，也不見得真的能解決。_m

034

教導的真正意義。

一個人做的成效只有「1」，兩個人合力就能有
雙倍成效。身為領導者的職責之一，就是將自
己擅長的東西與團隊夥伴分享；而且不是以命
令口氣指使別人怎麼做，而是告訴大家「這麼
做的好處」，激起團隊的共鳴感，這才是「教
導」的真正意義。只要秉持耐心、包容心教導
眾人，團隊一定會成長。_m

035

教導方式一定要有趣。

教導別人時，若只是傳授正確的事，那就跟說明書沒兩樣。只是簡單教導一下，對方肯定馬上忘記，所以必須要讓對方覺得「有趣」，才算達到教導的目的。就像進行簡報一樣，花點心思教導吧。_m

036

不能將所有的不滿，
都等同看待。

就算聽到一樣的客訴內容，也要視為不同個
案。就算聽到不滿，也不要輕易做出結論，必
須了解對方為何生氣，弄清事情原委。只要正
視對方的要求，便能圓滿解決事情。_n

037

就算心懷善意，
言行也要謹慎。

自己覺得沒有惡意，但也可能招致誤解，惹惱
對方。之所以會這樣，是因為不夠信賴彼此，
所以建立信賴關係很重要。相反的，面對關係
不夠深厚的人，就算心懷善意，言行也要謹
慎，畢竟難免會有意外衝突發生。_n

038

利用業務空檔開個小會議。

利用業務空檔，撥一點時間開個「小會議」
吧。不一定要坐在會議室裡，也可以邊喝咖啡
邊站著說話，重點是要能夠當面溝通。藉由平
常的溝通，自然地化解團隊裡發生的各種小問
題。_m

039

試著將課題轉化成
淺顯易懂的概念。

隨時意識到團隊目前面臨的是重要課題？還是工作上需要處理的瑣事？畢竟往往因為忙於處理瑣事，而忽略重要課題。身為領導者的你，必須確認「將來的課題為何？」將其轉化成淺顯易懂的概念，傳達給團隊的每個人，從而產生共鳴感，同時，也要反覆確認才能避免缺失。_m

040

秉持客觀態度，
看待討論過程。

雖然討論是一項重要過程，但身為領導者，不
能過於熱衷討論，以避免流於情緒化；也不能
被言詞犀利的人牽著鼻子走；更不能單憑個人
喜好評斷，或是流於人云亦云。秉持客觀態度
看待討論過程，才是身為領導者的職責，而且
最好是以俯瞰的角度看待，保持一點距離感的
同時，也能隨時提出自己的意見。_m

041

打造每個人都能
「暢所欲言」的職場環境。

不管點子再怎麼微不足道，也要大方地說出來
與大家分享，這才是最強的團隊。只要有一個
人大方地說出自己的想法，就能帶動眾人針對
這問題進行討論，讓這個發想愈來愈膨脹。打
造每個人都能「暢所欲言」的環境，才能建立
創意源源不絕的團隊。_m

042

設法將無趣的瑣事，
變成有趣的工作。

每個人都能愉快勝任的工作，只是團隊工作的一小部分。工作上，一定會遇到許多不得不做卻很無趣的瑣事。如何將這些瑣事變成有趣的工作，端視領導者的能耐。但不是要求大家發想更好的方法，也不是要求大家做出更好的成果，而是激發大家積極面對工作。_n

043

理解這件事是有「時差」的。

要是想到什麼好點子，就告訴許多人吧。就算大部分的人無法理解，只要有一個人能理解就夠了。理解這件事是有「時差」的，所以想到就要著手，免得大好機會被別人捷足先登。_n

044

只要確實掌握

必須達到的目標就行了。

身為領導者，一定要確實掌握團隊必須達到的
目標。只要有明確的目標，就算每個人走的路
不太一樣，也能抵達同一個地方。讓團隊裡的
每個人思考、煩惱該怎麼走，才能達到目標，
也是一種增進自我成長的方式。_n

045

公平對待團隊的每位成員。

公平評價團隊的每個人吧。即便情況瞬息萬
變，也要以「少一位成員都不行」的眼光來
看待團隊。保持正向思考與評價，而且不能以
個人喜好為依據，要以這個人的品格操守來考
量。公平對待團隊的每位成員，是身為領導者
的基本態度。_m

046

觀察一個人，
先看他的意志是否夠堅強。

對自己要有信心，深信一定能靠自己的力量完
成。堅強的意志，能讓你贏得他人的信賴與評
價。認真面對工作的人，總是能將所有事情視
為「自己的事」，就算經驗不夠豐富，只要意
志堅強，也能迎頭追上前輩。所以觀察一個人，
先看他的意志堅強與否。_n

047

給予對方能力所及的
課題與挑戰。

身為領導者，當然希望團隊裡的優秀人才越
多越好；但問題是，不可能所有人都是王
牌。雖說有所期待是無可厚非的事，但要是
給予超過對方所能負荷的課題與報酬，只怕
適得其反。應該將期待的心情先擱一旁，給
予對方能力所及的課題與挑戰。_n

048

愛抱怨的人，
反而能擁有正向活力。

面對任何事總是愛抱怨的人，給人很難搞的感覺；但愛抱怨有時也是一種活力的展現。為什麼呢？因為表示他很在意這件事。所以不管是再怎麼微不足道的靈感，都能投入熱情，要是有好的動機、志同道合的夥伴，或許就能蛻變成創新者。_n

049

隨時提醒自己有何疏漏之處。

每天動腦思考的同時，也要注意自己和夥伴之
間的互動關係。無論面對什麼樣的事情、什麼
樣的場合、什麼樣的人，難免有疏漏之處。就
像往往沒打掃到的房間角落，所以要隨時提醒
自己多留意些。畢竟將這種疏漏之處轉換成工
作的助力，也是領導者的職責。_m

050

工作一把罩的同時，
也要懂得適度放鬆。

努力工作之餘，也要懂得適度休息，這也是領導者的職責。以往奉行的「不眠不休，努力工作」，根本不是什麼美德。不懂得適度休息的人，肯定無法成功。善待夥伴，讓大家保持健康身心，團隊創意才會源源不絕。優秀的領導者不但工作一把罩，也懂得適度放鬆。_n

051

絕望時，先想想現在還能做什麼。

縱使眼前一切深陷瓶頸，也總有撥雲見日的時候。當所有努力化為烏有，了無希望是多麼痛苦的事；想要從絕望深淵一口氣回復又是多麼漫長、辛苦的事。當面臨這樣的情形時，你能做的，就是想想現在還能做些什麼。不要貪心，從小事做起，從眼前能做的事開始動起來。千萬不要原地踏步，什麼都不做，因為每個小小的努力都和未來有所關連。_n

052

看似柔弱，實則堅強；
看似堅強，實則脆弱。

我們不能只以「強弱」看待這個社會、公司與團隊夥伴，因為別人眼中的弱者，也許是個內心無比堅強，只是不顯露於外的人。常言道：「看似柔弱，實則堅強；看似堅強，實則脆弱。」所以看人不能只看表面。思考自己能為對方做些什麼，答案自然浮現。_m

053

別因為忙於工作，
而忘了體貼別人。

就算每天活力滿滿地工作，無論是誰，心裡還是有著煩惱；但能夠坦然向別人說：「我提不起勁」、「我有煩惱」的人並不多。雖然每個人都有脆弱、疲憊、痛苦的時候，但工作忙碌之餘，千萬不能失了體貼與溫柔，身為領導者更應如此。_m

054

訓誡幾句，不吝讚美。

訓誡部屬時，必須盡量言簡意賅；就算訓誡的
對象是年輕人，也要注意別讓對方失了面子。
訓誡之後，也要不吝讚美對方。倘若對方是缺
乏自信的年輕人，肯定會因為你的讚美而信心
大增。_m

055

商機就隱藏在
每天看到的事物裡。

無論做的是什麼樣的工作，都別忘了一定有
「人」這個元素，因為有「人」才會有需求。
也別輕忽每天看到的東西，其中或許隱藏著商
機。然後想到更好的點子，將這商機弄得更
大、更好，這就是發明。領導者必須時常提醒
團隊夥伴，每天該做些什麼。_m

056

帶領大家航行大海。

就算你覺得「自己身為領導者，必須帶領大家前進」，但工作規模一旦擴大，關係難免會生變。讓所有人自動自發，是身為領導者的職責。除了信賴、充分授權之外，也別忘了從旁叮囑。領導者必須明白自己划的不是「一艘小船」，而是開著「船艦」帶領著大家航行大海。_m

057

好的領導者不必凡事親力親為。

團隊裡的每個人朝向目標，自動自發前行，不
需要領導者耳提面目，可說是經營者的終極目
標。領導者要是凡事親力親為，團隊便無法成
長，基本上，依賴領導者的組織能夠成長的空
間有限。所以好的領導者，必須好好思考該如
何放手，讓夥伴們自動自發。_n

058

擁有膽小與樂觀
這兩種矛盾的特質。

領導者要像草原上的斑馬一樣，警覺性超高，不害怕被人說是膽小鬼；還要有樂觀的氣度，能夠氣定神閒地走在搖搖晃晃的橋上。領導者，就該擁有「膽小」與「樂觀」這兩種矛盾的特質。_n

059

生氣是沒意義的事。

任何人都無法克制憤怒的情緒，但這種情緒不
宜宣洩太久，畢竟很多事情一旦流於情緒化就
輸了。恣意發洩、隨意評價，其實是很沒意義
的事。_n

060

每天努力讓別人了解你。

期勉自己成為深得人心的領導者吧。重要的不
是「眾人來理解你」，而是努力主動讓別人了
解你。不妨每天主動和團隊夥伴聊聊你感興趣
的事、課題、目標與不安。拋卻立場這種事，
努力讓所有人了解你吧。_m

061

每天仔細檢視自己的儀容。

每天仔細檢視自己的臉，注意儀容，看看自己的肌膚是不是很粗糙，面色是否紅潤、浮腫，仔細觀察就對了。一旦發現任何不對勁，就要改善飲食生活、工作以及生活習慣。畢竟工作方面難免需要和別人往來交際，所以保持儀容整潔清爽很重要。_m

062

當個舉止有禮的人。

不僅在公司裡要謹守禮節，搭電車、出入餐廳等公共場所也要有禮貌。要想在社會上生存，就要當個舉止有禮的人。因為別人對你的正面評價，就是對公司、團隊以及你工作最堅強的後盾。_m

063

自己做不到的事，
不能強求部屬做到。

自己做不到的事，不能強求部屬做到。因為這麼做，不是對部屬寄予厚望，而是推卸責任。硬是讓部屬承受自己的弱點和無能，只會導致團隊分崩離析。越是困難的事，領導者越要自己承擔，率先而為，才能成為部屬效仿的典範。_n

064

每天都是嶄新的一天。

每天都要有「今天是嶄新的一天」的心情。越
是資深，越要保持初心。就算昨天想出多麼高
明的點子，也是昨天的事，一旦過了，就要懷
疑這點子是否夠創新，再發想出更有創意的
點子。像這樣每天更新自己，從現在開始啟動
「每天都是嶄新一天」的模式。_m

065

重要的不是市調，
而是秉持信念而為。

需求是必須實際嘗試才會知道的事。商品之所以暢銷絕對有它的理由，雖然有些人說必須事先做好市調，「了解怎麼成功」之後才能有所行動，但充其量只是藉口罷了。其實重要的不是市調，而是你是否相信自己，這才是最重要的事，也是行動的理由。_n

066

重大的決定還是取決於自己。

無論是誰在做重大決定時，都會很煩惱，這時，最後能拜託的人只有自己。畢竟詢問別人建議，只是加深自己的煩惱罷了，要是因為他人的建議而失敗，那該有多麼後悔，所以最後結果還是取決在自己手上。不管是什麼樣的結果，一切都是自己的實力問題。_n

067

藉由外在助力，拓展商機。

你是怎麼看待開始著手的新事業呢？闖蕩商場就像駕著帆船航行在大海上，如何拓展市場，得到像「風」一樣的助力是很重要的事。若能得到助力，即便失敗也能力挽狂瀾，所以一開始就要抓準時機。_n

068

創造取之不盡，
用之不竭的東西。

無論是金錢還是東西，只會愈用愈少，最後什麼都不剩。不斷推陳出新，卻又不斷消耗殆盡的事物，總令人覺得不勝欷歔。唯有取之不盡，用之不竭的東西，才是今後值得創造出來的，而且這是自然而生，也是我們今後要創造的目標。_m

069

有時候正因為是素人，
反而更能掌握商機。

社會經驗越豐富的人，越容易將不合理的事視為理所當然。也就是說，經驗越豐富的人，反而越缺乏危機意識。好比對於專家來說，這件事是常識；但對於素人來說，卻是從未接觸的經驗，反而更有創新的機會，所以許多革新都是出自素人之手。_n

070

試著將創意串連起來。

即便這個創意不怎麼樣，搞不好已經有人用過，但要是設法將不同的創意連結起來，或許能催生新方法。譬如，不是想著料理出「美味的咖哩」，而是設法結合「咖哩」與「麵包」，因而發明出「咖哩麵包」。就像這樣試著將創意串連起來吧。_m

071

真金不怕火煉。

多花些心思，將想法「具體成形」，這是創意
總是源源不絕之人的秘訣；但有時候也要試著
「自我否定」。當你突然覺得沒了幹勁時，不
妨想想：「這樣真的好嗎？應該有更好的方法
吧。」暫時停下腳步思考一下，也許能重燃衝
勁，喚醒源源不絕的創意。_m

072

真正有內涵的，
才能經典永流傳。

因為大多數人都難以抵禦流行的威力，所以才
會有短時間內創造驚人銷售數字的奇蹟；但流
行來得快、去得快，往往是一眨眼便消失。唯
有真正有內涵的東西才能廣受世人喜愛，永遠
不褪流行。沒了也沒什麼好留戀的流行，就當
樂趣賞玩吧。_n

073

哪怕是再大的困難，
一定也有突破點。

縱使人際關係、工作方面遇到莫大困難，也大
多是人為因素使然。有別於天災等不可抗力因
素，只要是人為，就有突破點。面對遠遠超過
自己所能想像的困難，完全找不到致勝要點
時，一定要告訴自己：「哪怕是再大的困難，
只要面對的是人，就一定有突破點。」_n

074

真正有價值的是，
不同的意見。

我們的想法與行為難免會被批評、反對，也就很想反駁，佯裝不知。然而，批評是改善的關鍵。提出不同意見的人，往往能看清事物的本質，畢竟任誰都喜歡聽讚美話語，但真正有價值的是不同意見。所謂「良藥苦口」，刺耳的話語越多，越有助於工作。_m

075

面對自己經手的工作，
要勇於成為頭號奧客。

面對自己經手的工作，要勇於成為頭號奧客，也就是嚴格檢視自己負責的工作，絲毫不放水。即便客戶不在意，也不輕意過了自己這一關。抱持著這樣的態度，才能確實提供最好的服務。_m

076

以對方的利益為優先考量。

不以自己的利益為優先考量的人，才能成為真正的領導者。無論是面對團隊夥伴還是客戶，都要以「做這件事，對方能得到什麼利益」為優先考量，並努力落實。好比開會時，思考「今天要讓大家從中得到什麼？」；若是發想企劃案的話，想想「什麼樣的課題才能促使對方成長」。_m

077

不足，往往是促使成長的催化劑。

當組織逐漸擴增時，人手與資金往往不足以應付工作量。正因為資源有限，才要絞盡腦汁，從而催生各種智慧。沒有經過通盤考量，一味追加人手與資金的結果，反而達不到預期目標與成效。不足，往往是促使成長的催化劑。_n

078

你要的答案就在「現場」。

想找到解決問題的線索，就要親赴現場勘查。
因為站在第一線的人，每天都得直接面對問
題，每天都要思考該怎麼做才好。所謂現場，
就是「現狀」這個「場域」的課題。沒有親臨
現場，無法切實了解問題所在。現場能夠教導
給你的東西，遠遠勝過專家。_n

079

親身體驗的感動更勝情報。

不管情報再怎麼多，只有自己才能親身感受到
「為一件事感動」的經驗，是最純粹的，也可
以說是最珍貴的情報吧。所以最重要的不是收
集世間的情報，而是讓自己體驗到更多感動，
並以此來發想。將自己視為一個平台、媒體，
以「感動」為本，來展現自己吧。_m

080

樂在其中的同時，也要努力
將樂趣傳達給更多人知道。

幫助需要幫助的人，也是一件工作。不但能打
造出什麼，還能將自己的想法傳達給許多人，
因此，能從中得到多少樂趣一事很重要。樂在
其中的同時，也要努力將樂趣傳達給更多人知
道，自然能吸引更多志同道合的人。_m

081

傳達的原則是
「開始、中間、結論」。

「開始、中間、結論」，要是能依這傳達的原
則整理好思緒的話，一定能清楚又盡情的表
達。其實這三原則就像拼圖，依對象不同，能
適度調整順序。倘若對方是年輕人的話，就以
「開始」起頭，慢慢讓他們從最基本的東西開
始理解；如果對方是忙碌的社會人士，那就從
「結論」開始傳達，讓他們先有個清楚印象。
配合對象，花點心思來傳達。_m

082

自由絕對不是任性而為。

「自由為何？」這是任誰都會思考的事，也是
很重要的事。一切照自己所想、任性而為並非
自由。所謂自由，是無論遭逢什麼事，都不會
感到恐懼，也是具有良知與良心。自由對於工
作來說，是一股莫大助力。_m

083

領導者擁有允許失敗這項特權。

身為領導者的好處究竟為何？那就是允許失
敗。反正不管結果如何都要扛責，所以擁有
允許失敗的權力。因此，就算失敗也要原諒自
己，不必過於自我苛責。擁有允許失敗的這項
特權，能讓領導者更勇於挑戰。_n

084

市場行銷的基本功，
就是比誰都認真思考、瞭解。

分析數據資料、砸錢增加曝光機會，這是市場
行銷的基本功。因為這是任誰都會做的事，所
以效果往往都只是曇花一現。比誰都認真思考
顧客的需求，比誰都認真瞭解商品的特質，發
現商品真正的價值，這才是最有效果的市場行
銷。_n

085

別貪圖一時之快，
而做出後悔的決定。

想破頭也想不到如何改善資金周轉問題與成本，的確叫人洩氣，問題是，要是一味壓低成本，也製作不出高品質的商品。所以做任何決定，一定要慎重，尤其是人才與金錢。_m

086

不是當個吝嗇鬼，
而是謹慎用錢。

謹慎用錢很重要，但不是要你當個吝嗇鬼，而是謹慎用錢。「這筆錢能讓別人幸福嗎？」、「能夠催生出有氣質又有文化氣息的東西嗎？」用錢時，先問問自己這麼做真的妥當嗎？要是覺得OK的話，那就安心這麼做吧。_m

087

打造一個讓眾人自然結集的結構。

每件工作都是讓人自然聚集在一起的行為結
構，差別只是這工作究竟是事業，還是一項
有時間性的企劃而已。而且要追求的不是「結
集」眾人，而是打造一個讓眾人自然「結集」
的結構。_m

088

打造人際關係網絡。

將人與人連結起來，打造新的人際關係網絡。
就算對自己沒有直接利益，只要覺得安排「這
個人和那個人見面，一定很有趣」的話，就著
手進行吧。有時一件工作往往是因為一段巧妙
機緣而促成的，又好比遭遇困難時，也會因為
某個和誰的機緣而順利解決。足見打造人際關
係網絡有多麼重要。_m

089

比起金錢，「機會」才是促使
一個人成長的食糧。

人才對公司來說，也是一項資產。雖然隨著薪水、福利、補助員工進修等費用增加，人事成本勢必增加，但對於人才的投資絕對省不得。反觀金錢方面的投資，並不會讓人有所成長。所以比起金錢，「機會」才是促使一個人成長的食糧。像是從未投入過的預算、從沒進行過的交涉，或是與從未謀面的人接觸，公司就是要無條件提供員工這樣的機會。_n

090

以同理心看待遇到困難的人。

我們要學習以同理心看待遇到困難的人。世上
每個人，包括自己，或多或少都有煩惱，只是
程度有異、強弱不同。任誰都會煩惱、不安，
只能拚命咬牙忍耐。感同身受別人的弱點，就
能明白自己應該要做些什麼。_m

091

「守口如瓶」是贏得信賴的
必備條件。

要想擁有好人緣的條件只有一個，那就是「守口如瓶」。基本上，想要贏得別人的信賴，「口風緊」絕對是必備條件。多嘴多舌的人，往往損人又不利己。所謂親暱生怠慢，其實關係越是親密，說話越要謹慎，才能避免引起無謂麻煩。_m

092

無論面對的是煩惱還是迷惘，
都能為自己找到「出口」。

雖然「煩惱」與「迷惘」都會動搖我們的心志，本質上卻是不一樣的。煩惱，是找不到真正答案的狀態，因為無法徹底解決問題，所以要是自己決定「不再煩惱」，便能找到出口。迷惘，則是因為有好幾個選擇，遲遲無法決定的狀態。有好幾個選項未嘗不是件好事，要是難以決定的話，那就告訴自己其實選項大同小異，趕緊做出決定，朝出口前進吧。_n

093

檢視「成果」也是工作的一環。

一定要養成做完後，檢視「成果」的習慣。
無論是什麼樣的工作，不是「做完後就沒事
了」。其實，做完之後才是真正的開始，持續
改善，才能提昇工作品質，自己也能跟著成
長。對做出來的東西「存疑」，才不會疏忽改
善一事。_m

094

越是一帆風順，
越要懂得謙虛。

提昇能力，累積實績，才能壯大自己的存在
感。往往當一切順遂時，總會發生突如其來的
意外；就算自己的言行再怎麼正當，總是會有
人不認同。當你覺得人生一帆風順時，更要懂
得謙虛、行事謹慎。_n

095

贏得漂亮，輸得也乾脆。

領導者面對工作的理想態度，就是「贏得漂亮，輸得也乾脆」；也就是在努力達成目標的同時，也要懂得尊重、包容對方。「只准贏」的工作態度，肯定會有失衡的一天。況且贏家背後多的是默默流淚的輸家，讓別人流淚而得來的勝利就算再怎麼光彩，也可能瞬間土崩瓦解。有勝有負，以最適合自己的方式贏得勝利。_m

096

逆境才是奮戰的開始。

不小心掉入陷阱、深陷麻煩困境的同時，才是
真正奮戰的開始；在此之前，只是暖身罷了。
好比遭對方拒絕，就是扳回一城的開始。告訴
自己冷靜、有自信的面對，因為「逆境才是奮
戰的開始」。_m

097

眼光放遠，才能解決問題。

當工作出了狀況時，不妨告訴自己先停下腳
步，喘口氣，重新調適後再開始。但只要還沒
解決，問題就不會消失。這時，應該試著將眼
光放遠，著手規模更大的工作，做出更豐碩的
成果，原本的小問題也會就跟著迎刃而解，而
發現自己其實不必為小事煩惱。_n

098

就算只剩自己一個人，
也不會逃避。

身為領導者，應該將「就算只剩自己一個人，也要完成」、「絕不放棄」這樣的覺悟與信念藏在心裡。不時提醒自己就行了，沒必要彰顯給別人看。掌握好時機，勇於嘗試，勉力自己奮力達成目標。_m

099

吃苦當吃補，體會承擔的樂趣。

即便身為領導者，也會有想放棄的時候，但因為必須負起責任，所以沒辦法逃避。回應顧客的期待、贏得客戶的信賴、對團隊夥伴的生計負責，這些都是不小的責任與承擔。既然無法逃避的話，那就拋卻想逃避的念頭，吃苦當吃補，就能從中體會到承擔的樂趣。_m

别忘了保持幽默。

熱情面對自己的課題。

不斷求新求變。

大家都喜歡快活自在的人。

投資自己，不要小氣。

頑固也是一種利己主義。

永保「初心」。

遇到困難時，更要懂得放鬆。

自己就是最好的商品。

什麼都不做的人，當然不會失敗。

勇敢比優秀更可貴。

寶物就沈睡於麻煩瑣事中。

100 個工作實踐

100 Basic Principles of Work Practice

100 個工作實踐

失敗與挫折，反而是讓人成長的機會！

你將商業視為工作？還是將工作視為商業？我認為兩者有所差異。

商業是創造利益，工作則是幫助世上有困難、煩惱的人。

要如何選擇，取決於自己。

我選擇將工作視為商業。因為我認為幫助有困難的人，才是眼前要先做的事。因此，我每天努力學習、發想、承擔責任與約束、接受挑戰。

老實說，每天都會嘗到失敗，覺得力不從心，無法盡如己願。然而，我認為失敗與挫折有著莫大價值，能讓自己思考如何改進，也是讓自己成長的機會。

在「將工作視為商業」這塊領域中，可以學習到察覺、失敗、重新來過、確認等，各種稱之為「基本」的東西。某天，我和美味健康股份

有限公司的 CEO 之一，野尻哲也談論這些「基本」。

為了工作煩惱、陷入瓶頸的我們，如何踏出新的一步，如何遍嘗失敗後、咬牙苦撐、克服難關呢？

本書就是將每一個「基本」，彙整成「領導者的基本，工作實踐的基本」。

「成功的反義不是失敗，而是什麼都不做！」

這是我很喜歡的一句話。那麼，該怎麼做呢？相信本書提到的「基本」，能成為驅使你的靈感與力量。

若這本書能讓大家在工作上有所助益的話，是我的榮幸。

松浦彌太郎

勇敢比優秀更可貴。

保持優秀的這股壓力其實不算什麼，所以從今天開始，就告訴自己別再拘泥於「優秀」這框架，而是時時提醒自己要有不逃避的勇氣，不畏懼失敗，毅然決然去做就對了。現在的你，馬上就能變得勇敢。_m

001

變化就是進化。

就像今天比昨天好，明天比今天好，每天都更
新自己。一步步更新自己的想法、待人處事的
態度與方法，這樣的變化就是成長，也就是自
我進化。今後的你一定可以持續進化，所以放
寬心，接受變化、享受變化吧。_m

002

永遠以「喜歡」作為
轉換工作跑道的理由。

因為「厭倦」而忍受不了，找尋新工作的結果，只是換湯不換藥罷了。基於想換個環境試試看而轉換跑道，當然可以，但請抱持著積極心態尋找新天地，找到一份能開拓自我可能性的工作。永遠以「喜歡」作為轉換工作跑道的理由。_n

003

重新設定，再開始吧。

一旦身處新環境，就將過往的成功經驗、想法全都拋棄吧。經驗有時反而會成為負擔，倘若不學會放手，便無法放鬆，也就無法接受新觀點。其實過往的東西不見得適用於新環境，所以試著重新設定，再開始吧。_n

004

選擇將來有所回報的路。

要是發現想做的事，就毫不猶豫地投身其中
吧。不要在意薪水多寡，即便生活品質下降
也想去做，這就是接近夢想的證據。先考量眼
前地位與待遇的結果，就是不得不向許多事妥
協；雖然這也是一種生存方式，但無疑是繞遠
路的作法。要想追求夢想，應該選擇將來有所
回報的路，而不是貪圖近利。_n

005

樂觀的人，最強大。

人生就是會發生各種事，而且這些事不單是自己引起的，也可能來自任何人。如果你認為是好事，那就是好事；如果你認為是壞事，那就是壞事。能將壞事化成工作養分的人，不是因為他學歷優、人脈廣，而是擁有樂觀面對任何事的能力。_n

006

不要害怕投入新事物。

試著走出舒適圈，嘗試不一樣的事物吧。也許
會被周遭人嘲笑、批評，但不必在意。也不要
害怕投入新事物，一定能在自己的好奇心與興
趣驅使下，拿出勇氣行動、挑戰，召喚好運。
而且正因為是一個人，才能遇到真心的邂逅、
擁有豐厚的人際關係，所以不要畏懼孤獨。孤
獨與孤立根本是兩碼子事。_m

007

比別人早一步洞察先機。

重要的是，隨時觀察世人做些什麼、關注什麼，比別人早一步洞察今後世人需要什麼、想要什麼，希望這世界變得如何。具有這般觀察力的人，擁有造福他人的能量。_m

008

掌握新知。

先不管是否與自己的生活有關，不管是新服務型態、商品、引爆話題的店家等各種事，捨棄先入為主的觀念，積極嘗試最重要。不過要注意的是，避免因為情報有誤，而做出讓自己後悔的事。多一點選項，對自己也更有利。_m

009

以熱情面對眼前的課題。

重要的是，能否以熱情面對眼前的課題，因為擁有熱情，才能發揮想像力。盡量具體想像能為別人帶來多少歡樂，自己又能得到什麼；而且不管多少次，都能回歸原點。用心想像，這就是你擁有熱情的證明。_m

010

不要揣揣不安，
心懷感謝吧。

面對新挑戰，肯定會不安，因為充滿未知。其實不必害怕，能夠做自己想做的事是多麼幸福。邁出一步就是莫大幸運，所以與其揣揣不安，不如感謝每一次挑戰。_n

011

用最後的五分鐘，
做想做的事。

你是否覺得人生多是在做「別人拜託的事」，
很少做自己「想做的事」呢？不該無限制地將
時間花費在一件工作上。倘若人生「只剩下五
分鐘」可以做事，這時應該優先做自己想做的
事。_n

012

一旦目標明確，便能輕鬆取捨。

一旦明白自己想做的事，就會發現什麼是可以
捨棄的東西。相反的，搞不清楚要的是什麼
時，就會焦急地做出選擇，什麼都想一把抓，
就算效率不高、繞遠路也覺得無所謂。別被先
入為主的觀念束縛，嘗試各種可能性吧，一旦
目標明確，便能輕鬆取捨。_n

013

將感動作為邁向成功的礎石。

無論是什麼樣的工作，都要洞察潛藏其中的感動，這一點很重要。為什麼呢？因為感動可以和很多人分享。不會讓人感動的東西是無法分享的，而且感動愈多，能夠分享的東西愈多，可以成為邁向成功的礎石。_m

014

不求讚賞。

一心追求別人的讚賞，是自我意志薄弱的證據。因為缺乏明確目標，所以要是沒有稱為「讚賞」的燃料，便無法向前衝。意志堅定的人，不會因為別人的讚賞而沾沾自喜。為什麼呢？因為他們認為不管達成什麼，都還有「進步空間」。所以越大器的人，越不需要別人的讚賞。_n

015

升遷加薪是期許你
「今後變得更好」。

升遷加薪並非讚賞你做的事，而是期許你「今後變得更好、更能發揮所長」。位置站得越高，機會與壓力也隨之增加。這時不該自滿，而是期許自己更好，繼續挑戰。_n

016

學習隱藏自尊心。

只要是人，都有自尊心，但它絕對不是能大刺
刺表現出來的東西。遇到自己不會、不明白的
事，就要虛心求教，可惜自尊心經常成為一大
阻礙。自尊心過高的結果，往往是武裝自己、
無法坦率，以致於容易被群體孤立。_m

017

遇到困難時，
更要懂得放鬆。

當我們遇到麻煩、遭逢意外時，很容易倉皇失
措，繃緊神經。這時反而應該先冷靜下來，試
著放鬆，因為放鬆才能讓腦子有餘力思考自己
該怎麼做。無論發生任何事，絕對要先試著放
鬆。_m

018

以優美的方式劃下句點。

準備著手一件事時，總是會緊張，小心翼翼地
留意所有事；但是當事情告一段落，心情放鬆
後，便容易忽略重要的事。就像一枝用了好久
的筆，當它無法書寫時，你會怎麼處理呢？你
的處理方式，往往反映了自己的心境與行為。
無論何時，都要以優美的方式劃下句點。_m

019

應該突顯的不是自己，
而是工作。

我們做每一件工作，當然會渴求他人的肯定與認同，也想突顯自我存在感；但其實應該要突顯的不是自己，而是工作。沈穩認真地工作，設法彰顯工作的成果，而不是猛刷存在感，這樣的人，才是智者。_m

020

花點時間慢慢找到
這輩子想做的工作。

很少人能在20幾歲時，便找到自己這輩子想做的工作，只能拚命學習、苦嘗失敗。通常30幾歲時，才開始了解自己，懂得從失敗中學習，真摯面對工作，找到「自己想做、只有自己才能做到的事」。40幾歲時，才終於找到一生奉為職志的工作；當然，年過50才找到也不遲。不要焦慮、花點時間慢慢找到這輩子想做的工作吧。_n

021

擁有嬰兒般的好奇心。

無論面對的是多麼細微的事，都要保持好奇
心；無論面對的是多麼理所當然的事，都要
抱持疑問。偉大的發現往往是源自嬰兒般的好
奇，不受先入為主的觀念驅使，想像不受限的
緣故。嬰兒不知恐懼為何，勇於面對風險，因
此，像嬰兒般的好奇心就是最大的利器。_n

022

勇於嘗試就對了。

面對任何事，不要鑽牛角尖，勇於嘗試就對了。試了才能學到經驗，獲得知識。工作的醍醐味，就在於嘗試沒做過的事。畢竟什麼都不做，哪有將來可言。_m

023

主題很平凡，概念卻非凡。

主題必須力求親切，也就是平凡，因為一般人
只對自己知道的事情感興趣。問題是，要是概
念很平凡的話，便感受不到任何新意與樂趣。
所以最理想的情況是，主題很平凡，概念卻非
凡；亦即外觀很好理解，但深入其中會發現充
滿新意。_m

024

正因為有獨創性，
才有價值。

雖然將點子與發想，化為一種感動讓很多人知道、傾聽大家的意見很重要，但也不能因此完全削除獨創性。人們通常會下意識地摒除很難理解的東西，或是自己很難接受的東西。然而，魅力是一種結合正常與異常的東西，一旦去除異常，魅力便蕩然無存了。所謂獨創性，是一種帶有瘋狂元素的魅力。_m

025

書寫的同時就是在思考。

隨時帶著筆和紙，記下突然想到的靈感吧。書
寫的同時就是在思考。手在動，眼睛盯著寫在
紙上的言語、文字，然後輸進腦子裡，用心思
考。化成經驗的記憶，不但隨時都能想起來，
還能成為發想新點子的素材。_m

026

落實靈感與想法。

靈感唯有具體化，才能產生價值。然而，落實
靈感和發想點子一樣困難，卻也一樣有價值。
因此，參考別人發想的點子時，不僅要思考
「這是如何發想出來的？」也要想想「如何才
能落實？」_n

027

認真面對眼前的工作。

只要認真埋首一件事，滿腦子想著這件事，觸
目所及都是靈感，學習效率也會大幅提昇。無
論任何情況，只要認真面對便能抓住機會，毫
不猶豫地迎向挑戰。要求自己專注一件事，也
就離成功不遠。現在的你，有認真面對眼前的
工作嗎？_n

028

不要輕忽枝微末節的事。

提昇自己對這世界的關心度吧。除了已經知道的知識之外，也要擴及尚未接觸的情報，即便是枝微末節的事，也可能藏著樂趣。只要抱持好奇心看這世界，就能發現更多有趣的事物。將這些蒐集來的情報先放進自己的抽屜，也許某天拿出來時，便會覺得「怎麼這麼有趣啊？」並以此為由，繼續探究吧。_m

029

最好多發想幾個假設。

養成先假設，再行動的習慣吧。而且不只一個
假設，最好多發想幾個假設，才是比較周全的
作法。畢竟難免會遭遇突發狀況，這時就能因
應狀況端出「適合的方法」，所以平常就要做
足準備。_m

030

發明讓大家更幸福的方法。

抱著體貼的心看待、思索大家感到困擾的事，一定能發想出從來沒人做過的「新方法」。即便是微不足道的事，也要試著和大家一起思索、設法解決。發明不只是創造新東西，找到新方法也是很重要的發明，而且能讓大家更幸福。所以，發明這樣的方法吧。_m

031

寶物就沈睡於麻煩瑣事中。

雖然每天都會遇到各種麻煩瑣事，但要點往往潛藏於這些瑣事中。抱著好奇心觀察事物，深入探究吧。試著去做別人沒做過的事，如此才能發現寶物，不能因為怕「麻煩」而抹消所有可能性。_m

032

打造讓別人感受到笑容的東西。

工作就是抱持「想讓別人幸福」的信念而去
做的事，好比接待客人時，打造能讓對方感
受到「笑容」的商品和服務。雖然打造讓別人
感受到笑容的東西並非容易的事，但只要持之
以恆，便能讓「想讓別人幸福」的信念逐漸成
形。_m

033

嘗試從不同觀點思考

自己隨時能從男女老幼、顧客、老闆、上司還是部屬等，不同觀點看待事情是件很棒的事。你要是老人家的話，會怎麼想呢？你要是顧客的話，會怎麼想呢？你要是上司或部屬的話，又會怎麼想呢？不光是從自己的角度，也要試著從不同觀點思考、感受事物，才能發現這件工作的價值，以及必須珍惜的東西。_m

034

與他人分享靈感。

湧現靈感時，不妨找個人說說吧。而且不只
一、兩個人，最好是一整個團隊，問問他們的
看法，因為來自別人的意見與批評也很重要。
也許能從中得到更好的靈感，或是發現應該修
改的地方，讓自己的發想變得更好。孵化稱為
「靈感」的蛋，獲得具體成形的要點。_m

035

成為別人心目中的理想型。

理想的公司、理想的上司、理想的客戶，我們
總是「希望別人成為這樣」，追求所謂的理想
型。這麼一來，往往只會給自己帶來壓力，事
情也不會順利。我們應該追求的是理想的自
己，也就是貼近對方的立場與想法，想想怎麼
樣才能成為別人心目中的理想型。_n

036

將自我利益拋在一邊。

謙虛與處事周慮，是身為社會人士應有的態度。要想贏得別人的好感，必須具備這兩大鐵則。當接到來自別人的重要託付時，必須超越謙虛，真心誠意地對待，將自我利益拋在一邊，考量別人的情況來行動，如此才能贏得別人的信賴，為人所愛。_n

037

别忘了保持幽默。

緊張時，試著微笑吧。遭遇麻煩事時，也要試
著在痛苦中找到讓自己展露歡顏的部分。幽默
能幫助自己擺脫困境，只要懂得幽默，就能在
黑暗中找到光明。幽默就是有趣，所以每個靈
感、創意最後都要確認一下「是否有趣？」我
認為這一點很重要。_m

038

任誰都喜歡帶給大家歡樂的人。

雖然我們不會挑明說：「不喜歡不會帶給大家歡樂的人。」但不可否認的是，任誰都喜歡帶給大家歡樂的人。這樣的人不但能帶給別人歡樂，自己也能樂在其中，也就自然贏得好人緣。_n

039

謹言慎行很重要。

我們往往忘了自己說過的話，卻不會忘了別人說過的話。話一旦說出口，便無法消失、抹去，所以平常就要提醒自己謹言慎行。面對來自別人的責難與批評，就算想忘也忘不了；倘若這些話語已經傷害到你，就要試著努力徹底抹消。_n

040

對於未知的事，抱持興趣。

遇到自己不知道的事，要抱著求知的心。遇到和自己想法迥異的人、品味和興趣都不一樣的人、或是生活風格截然不同的人，不要想「反正我們不一樣，所以八竿子打不著關係」，而要抱著「不一樣才有意思」的心態。尤其是對於那種大家都很感興趣，自己卻不曉得的事，更要探究。真心迷戀上一件事物，是多麼美好的事。_m

041

珍惜每一段緣分。

世上就是有著不可思議的緣分。因為偶然的連結，不知不覺成就一件大事。從相遇的那一刻起，就要彼此尊重，珍惜這個緣分，花些時間讓這個緣分開花結果。相反的，要是存心利用對方，做些什麼事的話，緣分就會瞬間瓦解；這種人雖然容易結識許多人，擴大交友圈，卻無法深入、持久，讓緣分開花結果。因此，緣分也是求精，不求多。_n

042

讓自己每天保持「新鮮狀態」。

保有初心，讓自己每天保持「新鮮狀態」，是
面對工作的基本態度。人際關係亦然，若能以
「初次見面」的心情對待別人，便能讓彼此的
關係保持新鮮狀態，也能帶給對方新感受、新
樂趣，周遭的人也會期待與你見面。_m

043

找件能讓大家一起參與
的事情，喚醒向心力。

倘若覺得團隊沒了向心力，就找件能讓大家一起參與的事情來做吧。非常單純的事情也沒關係，好比大掃除、料理等，一件淺顯易懂，誰都能參與的事。只要大家齊心協力去做，就能喚醒向心力。_n

044

由衷對待一起工作的每位夥伴。

由衷對待一起工作的每位夥伴吧，讓他們感受到你的關愛，因為有緣才會成為夥伴。建立超越喜歡、討厭、合不合拍等因素，一種稱為「羈絆」的關係，這一點很重要。_m

045

成長，就是和夥伴一起努力向前。

自我振奮很重要，也要設法帶動周遭人一起振奮。但千萬不要抱著比較心態，因為當你將對方視為競爭對手，就會開始破壞夥伴關係。成長，就是和夥伴一起努力向前。_n

046

彼此砥礪成長。

發現夥伴的「優點」，就要替他加油，促使他變得更好。「他很擅長這種事」、「他這一點很棒」，發現對方有這樣的優點時，不妨幫他找找可以化為養分的東西。這養分也許是一本書，也許是某個人，讓他的「優點」更有所發揮，團體也會跟著成長。_m

047

大家想聽的不是批評，
而是能變得更好的方法。

無論何時，大家想聽的不是批評、責難，而是
「能變得更好的方法」。與其在腦中拚命否
定，不如肯定現況，想著「也許這麼做會比較
好」而提出建議吧。萬事萬物都有好壞兩面，
凡事聚焦於好的一面，才能積極向前。_n

048

瞭解自己之前，
先理解對方。

也許你總是希望「能夠更瞭解自己」，然而，當這念頭太強時，容易讓你做任何事、說任何話，都習慣以「自我」為中心。所以越是希望瞭解自己，反而變得越封閉，討厭、疏離人群。希望瞭解自己之前，應該先理解對方，對方才會帶著敬意來理解你。_n

049

不要介入太深，
尊重彼此的私領域。

越是投入工作，越能與對方建立好交情，對象不只是一起共事的夥伴，還有客戶。然而，「工作方面的好交情」與「朋友之間的好交情」是不一樣的，千萬不要介入太深，拿捏好分寸。尊重彼此的私領域，也是工作的基本態度。_m

050

表達重要的事情時，
要壓低音量、口氣徐緩。

成熟大人必須具備幾種音色。好比在許多人面前說話，或是一對一交談時，兩者用的音色要有所區別。表達的感覺會因為聲音大小、說話速度、口氣強弱等而有所不同。表達重要的事情時，要壓低音量、口氣徐緩；面對群眾侃侃而談時，則是聲音宏亮、說話速度稍微快一點。想像自己是個媒體，練習如何表達。_m

051

恰到好處的話語溫度。

學習因應場合、情況，表現得「恰到好處」。溫暖的話語、讓人聽來很舒服的話，用感覺記住讓人與人之間心靈相通的「恰到好處的話語溫度」。譬如，發生麻煩時，要是用陰沈的口氣道歉，只會造成反效果；口氣敷衍也無法深耕彼此的關係。無論是交談還是用mail溝通，如何遣詞用句也是一門學問，只能用心學習，用心體會。_m

052

不能凡事只求「自己方便」。

工作就是讓自己對於這世間有所助益，幫助有困難的人。既然如此，若是凡事只求自己方便，便失了工作的意義。千萬別忘了，從工作中感受到樂趣的人不僅自己，也包括客戶與世人。人一忙起來，往往無法顧及他人，不妨時時提醒自己停下腳步，檢視自我。_m

053

不時帶給別人驚喜。

「額外服務」與「禮物」總能讓別人歡喜，拿到的那一刻也會很開心。工作亦然，也要懂得不時帶給別人驚喜。也就是說，除了回應對方的期待，也要不時加些額外服務，譬如，提早交件、多發想出一個點子之類。對方愈歡喜，工作進展絕對愈順利。_m

054

尊重每個人的特質。

俗話說，一種米養百種人，每個人的特質與個性都不一樣。有強項，也有弱點；有開朗、純潔的部分，也有令人傷腦筋的部分。所以，人是一種可愛的生物，對吧？不要受限於好惡，無論是相似還是迥異之處都試著接受，尊重彼此的特質，人際關係的煩惱便自然消失。_m

055

過於期待，

其實是利己主義作祟。

之所以對別人不耐煩，是因為對方無法回應自己的期待，但說到底，也許是自己過於期待。過於期待是一種想依賴、依靠對方的表現，所以當你產生「一點都不努力」、「完全無法理解我」等不滿情緒時，不要急著怪罪對方，想想是否利己主義在作祟。_n

056

以寬容的心接受不合理的事。

怎麼想都是對方弄錯了，自己才是對的；明明
如此，還是被要求接受不合理的事、忍受對方
的情緒，這是工作上難免會遇到的事。然而，
這時更要以寬容的心接受一切。其實對方內心
肯定也很猶豫、後悔，所以你先退一步，待對
方冷靜下來後，也會有所回應的。_n

057

誤解、背叛都是理所當然。

只要是人，一定有弱點和缺點，正因為如此，才會犯錯。當然，也會被最親近的人耍得團團轉。這時，理解對方的情況很重要。倘若對方年紀尚輕，那就接受他的不成熟，選擇原諒吧。畢竟就算再怎麼生氣、詰問、責難對方，也解決不了任何事。_m

058

避免投入過多情感。

每個人面對人際關係、面對工作的情感都不一樣，然而，越是深入情感，越會伴隨懷疑、不安、嫉妒等各種情緒逐漸變形。雖然投入情感很重要，但有時也會因此發展出令人深感棘手的問題。事實上，不少事情的敗筆，就是因為投入過多情感。_m

059

不是竭盡全力，

而是用心貼近。

面對再怎麼喜歡、再怎麼珍愛的事物，尤其是工作，也要避免抱著竭盡全力的心態。為什麼呢？因為「竭盡全力」不只對於工作，也會對於合作對象產生依存感，而且距離愈近，彼此的關係愈容易失衡、崩壞。因此，要用心貼近工作，而不是竭盡全力工作，避免陷入忘我境界，才不會失了冷靜與客觀性。_m

060

棘手又麻煩的事，
有其獨一無二的價值。

譬如，「拍攝世界各地的街景，製作成一張地圖」，應該沒人想碰如此棘手又麻煩的事吧。然而，一旦完成後，就有了獨一無二的價值。想要落實腦子迸出的點子時，大多數人都會考慮比較簡單輕鬆的方法，對吧？但問題是，沒有耗費過苦心而做出來的東西，一下子就會被模仿，所以找件不容易被模仿的麻煩事來做吧。_n

061

一件工作能否順利完成，
開始著手的態度取決了八成。

無論任何工作，開始著手的階段非常重要。只要一開始就大幅前進，之後就算遇到意外狀況，也有時間應變；而且也因為提前完成，便有充裕的時間提昇品質。要是沒有抱持嚴謹的態度，便開始著手進行的話，勢必會為了趕在期限內交件而苦惱不已，品質甚至因此下降。足見一件工作能否順利完成，開始著手的態度取決了八成。_n

062

從工作以外的事物，
學習如何感動人心。

住宿頂級飯店，大啖高級料理，欣賞電影名作。能讓任何人誇讚的服務與娛樂，一定具備著感動人心的要素。積極接觸這些東西，體驗讓人讚嘆的感動吧。也要以此為目標，期許自己的工作也能感動人心。_n

063

養成獨立思考的習慣。

既然身為公司的一份子，無論隸屬哪個部門，
都要養成獨立思考的習慣。除了要與團隊的夥
伴合作無間之外，也別忘了培育「自己」這個
「個體」。「個體」的想法、意見與態度確立
清楚，便能和公司、團隊的夥伴一起成長。_m

064

藉由和別人聊聊，整理思緒。

腦中一片混亂，無法好好整理思緒時，不妨找
人聊聊吧。就算無法清楚表達，就算覺得說出
來很丟臉，也要試著一吐為快。也許對方能發
現你沒察覺到的東西，也許能理解你的苦惱，
讓自己看清楚所面臨的難題。所以和別人聊
聊，不但有助於整理思緒，也能訓練自己的表
達能力。_m

065

做好萬全準備。

面對重要的簡報會議，一定要做好萬全準備，像是要從哪裡切入，要怎麼接招，一邊模擬各種情況，一邊訂立周全對策。幾乎沒有人能在不做任何準備的情況下，成就一場令人難忘的演講，因為準備得愈周全，愈能用自己的話語表達。_n

066

總覺得沒有做好準備，
是因為缺乏自信。

「最討厭開會了」、「提不起勁做簡報」、「訓練新人真是有夠麻煩」，你是否也有過這種心情呢？要是覺得自己的議題情報不夠充足，是因為你缺乏自信。情報，就是自信的燃料。只要平常努力蒐集情報，就有自信面對任何工作。缺乏自信，往往是因為自己覺得沒有做好準備。_m

067

給自己來個「增添自信的儀式」。

面對重要的會議或簡報時，不妨給自己來個
「增添自信的儀式」，消除心中的不安吧。像
是洗個熱水澡、剪髮，或是穿上自己最喜歡的
西裝。總之，任何方式都可以，藉由這儀式，
告訴自己「絕對沒問題」。_m

068

簡報不是唱獨腳戲，
也要理解對方。

不管自己多麼努力做簡報，若只是單方面陳述，對方能夠理解的程度通常只有一半，遑論理解彼此的想法。對方想知道什麼？是否對自己的看法有所共鳴？試著引出對方的想法，而不只是陳述自己的看法，表現出想要瞭解對方的態度，才能成就一場效果絕佳的簡報。_n

069

準備一套動之以情的腳本。

要想交涉成功，只講損益與動機是不夠的。平常就要向對方提些「美味可口」的提案，也就是動之以情，直接訴諸對方心裡想要的，想像什麼對於對方來說，是個Happy Ending。準備一套順著對方心情推敲的腳本，是交涉成功的秘訣。_n

070

不能只滿足於邏輯思考。

再怎麼出色的設計圖，要是沒有具體做出什麼，也只是淪為紙上談兵。工作亦然，不能只滿足於邏輯思考、討論。設計圖必須具體實行，才能催生新東西。讓自己成為擅長將邏輯思考化為行動力的人吧。_m

071

發明屬於自己的框架。

從框架可以學到「單純思考一件事」，框架式思考就是這麼回事。通常教科書般的框架無法適用於你的狀況，只有放棄思考的人才會輕易引用別人的框架。唯有面對問題，發明屬於自己的框架才有價值。_n

072

工作不可能一直都很順利。

若能不費吹灰之力就做出成果，該有多好啊！
問題是，現實中不太可能有這等好事，所以千
萬不要存著「僥倖心態」，只想不勞而獲。無
論任何工作，都必須付出心力、腳踏實地的努
力才行。縱使成功，也只能暫時開心一下，因
為工作不可能一直都很順利。_n

073

別擱著問題不管，
馬上解決就對了。

先做再說，有問題再修正；以這般態度面對工作的結果，往往無法修正。因為忽視眼前的問題，擱著問題不管的後果，就是問題始終存在，根本沒有解決。所以別想著「之後再修改就行了」，馬上徹底解決問題就對了。_n

074

將「有趣」化為具體話語。

一旦發現有趣的事，不能只是覺得「好厲害喔！」就沒下文了。必須將「為什麼覺得有趣？」化成具體話語，練習發表自己的意見。試著向別人說說為什麼覺得有趣的同時，也能明白自己的認知和想法。抱著「覺得有趣」的心情，前進一步，加上自己的觀點，就能變得加倍有趣。因為「有趣」也是「成功的種子」。_m

075

創造一位屬於你的粉絲。

不必向所有客戶、使用者，說明你的業務內容，只要有一位成為自己的狂熱粉絲就行了。成為粉絲的這個人，會主動向你的主管、認識的人推銷你，這麼一來，你的粉絲便會不知不覺的增加。這就是最高端的行銷策略。_n

076

讓對方湧起「想再見面」的念頭。

工作能否順利進行，往往取決於是否能讓對
方湧起「想再見面」的念頭。一旦成為別人
眼中「見過就不會忘記的人」，就不必刻意討
好對方，只要嚴守正直、親切、周到的基本原
則就行了。其實，只要想著「我能給這個人什
麼？」對方就會「想再見到你。」_m

077

「審視現況」的工夫不能省。

面對任何工作，除了「積極前進」之外，也要適時「審視現況」。有時要停下腳步，想想「這麼做真的好嗎？」確認一下有沒有偏離目標方向？是否有所疏漏？是否忽略了一起工作的夥伴？提醒自己不時審視現況，這就是保持工作品質的秘訣。_m

078

缺乏自信是壓力的根源。

事情進展不順利、遇到麻煩時，或是感到焦慮不安時，壓力的根源往往是因為缺乏自信。這時，不妨試著告訴自己「無論遇到任何問題，一定能克服」，設法紓緩心緒，放慢腳步吧。遭逢困難時，一定要相信自己。_n

079

發現自己的能力，大方展現。

工作有兩種，一種是來自別人的派予，一種是
自己催生出來。無論是哪一種，要是發現「自
己來做比較順利」，那就大方展現自己的能力
吧。探索自我心裡的貪欲，千萬不要漏失自己
能為這世界貢獻一己之力的機會。_m

080

清楚說明，再三確認。

向一起工作的夥伴，清楚說明：「想做些什麼、如何進行」，也要親切地向客戶說明：「如何解決難題、如何盡心執行」，而且不要以為「只說明一次，對方就能理解」，為求慎重起見，一定要再三確認。總之，體貼待人很重要。_m

081

每個人一天都只有二十四小時。

不管再怎麼成功的人，一天也只有二十四小時，老天爺不可能特別多給他時間。雖說有天賦、才能與運氣，唯獨時間這條件是眾人皆平等。也就是說，成功之人格外懂得善用時間，所以認真思考如何善用有限的時間吧。縱使才能與命運不同，但如何使用時間端看自己。_n

082

試著分解惱人又棘手的工作。

就算面對惱人又棘手的工作，也不能放棄。試著分解工作的要素，而且要分解成「細到不能再細」的程度才行。你之所以覺得工作很棘手，是因為工作規模超過自己的承載量。所以必須將工作細分成自己能夠消化的程度，馬上能夠著手進行，這麼一來，就能逐步完成。只要謹記這原則，就算面對再困難的工作，也能確實做出一定成果。_n

083

不必堅持獨立完成。

「我一定要獨立完成」，這是認真過頭之人的通病。雖然有責任感很好，但有時過於堅持，反而會影響工作進度，導致品質下降。遇到瓶頸時，不妨找人商量；不願服輸時，要學會依靠夥伴。無法獨力完成一點也不丟臉，死命苦撐反而會招致風險。懂得示弱、懂得求助他人，是團隊工作的一大守則。_n

084

讓錢自動跟著你。

為了錢而工作，一定會遇到瓶頸。暫時忘了
錢這回事吧，下定決心，「努力做好這件工
作」，錢反而會自動送上門。讓錢喜歡跟著
你，才是工作的基本態度。追求夢想，有份好
工作的人，絕對不會讓錢錯過自己。_m

085

解讀瞬息萬變的世間價值。

世間的價值瞬息萬變。你是否及早察覺這樣的
變化？又是如何正確解讀？如何將這變化活用
在工作上呢？平常就必須觀察社會全貌，有自
己的想法並進行分析、理解。千萬別忘了，
無論再怎麼微小的事，也和今日的狀況息息相
關，永遠都在變化。_m

086

先探探對方的想法，

才有機會讓對方理解你。

要讓對方按照你的意思行動，不是一件容易的事。告知對方的結果，往往會讓人誤會你在頤指氣使。何況對方要是你的上司，或是彼此沒有什麼信賴關係，更是難上加難。這時，不妨先探探對方的想法，並試著尊重，才有機會讓對方理解你的意思。_n

087

自信就是一種自我管理。

自信不是來自別人給予，而是靠自己打造、自
我培育而來。哪怕是多麼小的挑戰，只要成功
就能成為自信的種子，所以一定要好好培育。
倘若失敗，自信的芽枯萎，那就勤於澆水，
讓它起死回生吧。自信絕對不是來自他人的給
予，而是自己擁有的東西。_m

088

心情會表露在臉上和話語。

不管再怎麼掩飾、再怎麼修補、再怎麼費心都沒用，你的心情完全寫在臉上，還有說出口的話。心裡的厭惡感一定會顯露在臉上，猶豫不快的心情也會宣洩在你說的每一句話，所以無論面對誰，都要提醒自己以新的心情對待。_n

089

不要被無聊事支配人生。

時間不夠用、沒錢、和某人就是不對盤，不由
得脫口而出的牢騷並不是什麼大不了的事。當
你老是嚷嚷「好無聊」，只會覺得更無聊。絕
大部分的不滿，並不會左右你的人生，只是自
我產生出來的負面情緒罷了。人生要是被這些
無聊事支配，那才是最不值得的。_n

090

問題的大小，往往會因為
立場不同而有所差異。

問題的大小往往會因為人和立場，以及接受方式的不同而有所差異。就算自己覺得「這是個大問題」，對別人而言，卻沒什麼大不了。問題是一種自我主觀意識很強的東西，所以不要把自己的見解與看法強加在別人身上。一旦察覺哪裡有問題，最好從各種角度和立場來看待吧。_n

091

身旁要有比自己優秀的朋友。

別人之所以比你優秀，是因為他有著不同的看法。自己的想法、作法難免有遭人否定的時候，所以要有坦率接受批評的雅量。不肯聽別人勸說的人，不可能吸引優秀的朋友。就算彼此的意見相左，也要真誠地請教、接受。優秀的朋友越多，就能成就單憑自己不可能做到的大事。_n

092

只有自己能解決內心的不安。

不管是什麼事，只要覺得不安，最好找人商量比較好；但別忘了，最終能夠解決這種不安感的人，還是自己。不能一味依賴別人來幫你解決，還是必須靠自己消除內心的不安。_n

093

努力與誠意，

不是為了求得回報。

「明明這麼努力了，還是得不到認同」，要是一直這麼想的話，只是在折磨自己。努力與誠意不是為了得到別人的感謝、誇讚，而是為了自我成長，能對別人有所助益。_n

094

投資自我，不能太小氣。

學習什麼、習得什麼新經驗，都是值得小小驕
傲的事；雖然沒必要砸大錢，但也不能太小
氣。以金錢為基準來思考自己「想做什麼」，
只會侷限自我發展。仔細思考後，下定決心投
資自己，一定能回收好幾倍的報酬。_m

095

做好健康管理，

也是一件非常重要的工作。

不分晝夜地埋首於新計畫，腦子二十四小時都
在想工作的事，不少上班族都是如此。專注工
作之餘，也要做好健康管理，畢竟要是沒有健
康的身心，是不可能做好工作的。健康是比什
麼都重要，是永遠排第一位的工作。_m

096

品嚐稱為「美味」的感動。

吃美食能讓身心感動，這份感動也會反映在工作和生活。在這隨時都能吃到各種簡便食物的時代，讓忙碌的自己吃到美食也是一件值得珍惜的事。不管是自己下廚還是外食，品嚐稱為「美味」的感動吧。不是為了填飽肚子，而是為了讓自己開心。_m

097

擁有一處能讓自己專注的地方。

找一個除了自家和辦公室之外，能讓自己專注的地方，好比公園的長椅、常去的咖啡店等，每個人感覺放鬆的地方都不太一樣。遇到困境時，躲進這處能讓自己安心的地方；當你覺得迷惑不已時，來到這個地方休息一下，讓自己重新歸零。_m

098

膽怯反而驅使我們成長。

潛藏在心底深處的怯弱會驅使我們成長。失敗很痛苦，討厭生氣、害怕被恥笑，這些纖細、敏感的情緒會促使我們認真面對工作，提昇工作品質。千萬不要覺得膽小的自己很可笑，讓膽怯與懦弱成為你的助力。_n

099

不要總是逃避，
勇敢邁出一步。

害怕受傷，一味自我防衛的結果，只會促使自己的視界愈來愈狹小。逃避不想理解的事物，閃避否定你的人，這麼做只會讓自己躲進象牙塔。身處這般花花世界難免會受傷，就像呼吸似的理所當然。無論是誰，都在挫折中掙扎活著，而且越受傷，身處的世界越寬廣。不要總是逃避，今天也要勇敢邁出一步。_n

100

打造你的「100 個基本」

My Basic Work Notebook 100

001

002

003

004

005

006

007

008

009

010

011

012

013

014

015

016

017

018

019

020

021

022

023

024

025

026

027

028

029

030

031

032

033

034

035

036

037

038

039

040

041

042

043

044

045

046

047

048

049

050

051

052

053

054

055

056

057

058

059

060

061

062

063

064

065

066

067

068

069

070

071

072

073

074

075

076

077

078

079

080

081

082

083

084

085

086

087

088

089

090

091

092

093

094

095

096

097

098

099

100

100個領導基本×100個工作實踐

作　者｜松浦彌太郎 Matsuura Yataro
　　　　野尻哲也 Tetsuya Nojiri
譯　者｜楊明綺 Michey

責任編輯｜許世璇 Kylie Hsu
責任行銷｜朱韻淑 Vina Ju
封面設計｜許晉維 Jin We Hsu
版面構成｜譚思敏 Emma Tan
校　對｜葉怡慧 Carol Yeh

發 行 人｜林隆奮 Frank Lin
社　　長｜蘇國林 Green Su

總 編 輯｜葉怡慧 Carol Yeh
日文主編｜許世璇 Kylie Hsu
行銷主任｜朱韻淑 Vina Ju
業務處長｜吳宗庭 Tim Wu
業務主任｜蘇倍生 Benson Su
業務專員｜鍾依娟 Irina Chung
業務秘書｜陳曉琪 Angel Chen、莊皓雯 Gia Chuang

國家圖書館出版品預行編目資料

領導基本100×工作實踐100：每天都是新的開
松浦彌太郎, 野尻哲也著；楊明綺譯. -- 三版
臺北市：悅知文化精誠資訊股份有限公司,
2023.08
　面；　公分
譯自：はたらくきほん100：毎日がスタートア
ISBN 978-626-7288-24-5(平裝)

1.CST: 職場成功法

494.35　　　　　　　　　　　　　　　　　1120

建議分類｜商業理財・自我成長

發行公司｜悅知文化　精誠資訊股份有限公司
　　　　　105台北市松山區復興北路99號12樓
訂購專線｜(02) 2719-8811　　　　訂購傳真｜(02) 2719-7980
專屬網址｜http://www.delightpress.com.tw　　悅知客服｜cs@delightpress.com.tw
ISBN：978-626-7288-24-5
建議售價｜新台幣320元　　三版二刷｜2024年02月